하루 두 장 맞춤법 완전 정복 홈스쿨링

"마법의 맞춤법 띄어쓰기"

1-1 틀리기 쉬운 낱말 완전 정복(ㄱ~ㅂ)

생각디딤돌 창작교실 엮음
동리문학원 감수
문학나무 편집위원회 감수

생각디딤돌

차례

틀리기 쉬운 낱말 1

1 ㄱ 으로 꾸며진 낱말

2 ㄴ / ㄷ 으로 꾸며진 낱말

3 ㅁ / ㅂ 으로 꾸며진 낱말

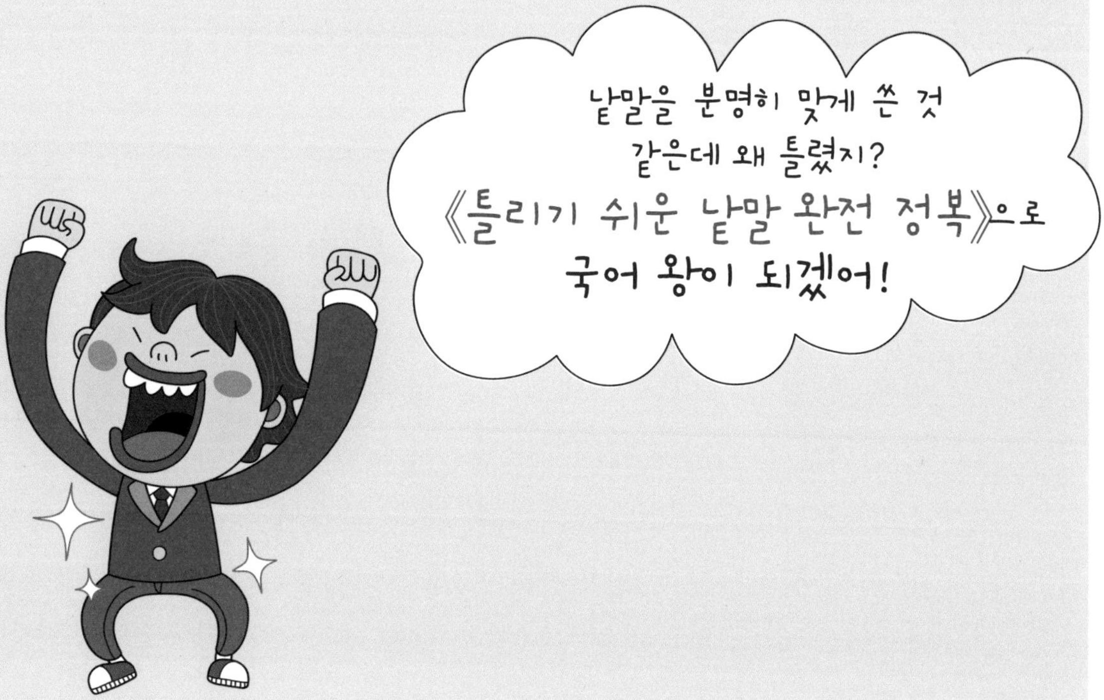

낱말을 분명히 맞게 쓴 것
같은데 왜 틀렸지?
《틀리기 쉬운 낱말 완전 정복》으로
국어 왕이 되겠어!

하루 2장의 기적!
틀리기 쉬운 낱말을 정복하고
국어 왕 되기!

틀리기 쉬운 낱말 완전 정복하기!

언어를 빠르고 편하게 배우고 익힐 수 있는 방법은 아빠, 또는 엄마한테 배우는 것입니다. 아기는 아빠나 엄마 등 가족의 말을 반복해서 듣고 자라면서 자연스럽게 언어를 배우고 익힙니다. 그런 것처럼 초등 한글 맞춤법도 틀리기 쉬운 낱말을 반복해서 배우고 익히다 보면 자연스럽게 내 것이 됩니다.

동화책이나 다른 여러 책을 읽을 때는 재미 위주로 읽기 때문에 낱말을 정확히 기억하기 어렵습니다. 하지만 《틀리기 쉬운 낱말 완전 정복》은 틀린 줄도 모른 채 넘어갈 수 있는 단어들을 정확하게 머릿속에 입력할 수 있도록 꾸몄습니다. 아기가 엄마가 하는 말을 반복해 들으면서 완전하게 따라 하듯이 말이죠.

모든 교과 학습의 시작인 글자 바로 쓰기!

누군가 읽기도 어렵고 함부로 휘갈겨 쓴 손글씨를 보여 준다면 썩 기분 좋은 일은 못 될 것입니다. 반대로 바른 글씨체로 또박또박 쓴 손글씨를 읽는다면 그 글씨를 쓴 사람에 대해서도 높은 점수를 줄 것입니다.

스마트폰이 보급되고 멀티미디어 교육 환경이 갖추어지면서 글씨를 쓰는 일이 많이 줄어들고, 컴퓨터 키보드나 스마트폰 터치를 통한 타이핑이 더 익숙해졌습니다. 하지만 바른 글씨는 실제로 학습에도 영향을 미친다는 것을 잊지 말아야 합니다. 《틀리기 쉬운 낱말 완전 정복》에는 안내 선이 표시되어 있어 안내 선을 따라 글씨를 쓰다 보면 바른 글쓰기 훈련을 할 수 있습니다.

미래의 경쟁력인 글쓰기!

미국 하버드 대학이 신입생 대상 글쓰기 프로그램을 의무화한 것은 1872년입니다. 자그마치 거의 150년 전입니다. 자기 분야에서 진정한 프로가 되려면 글쓰기 능력을 길러야 한다는 것이 목적이었습니다. 우리나라는 어떨까요? 서울대는 2017년 6월에야 '글쓰기 지원센터'를 설립했습니다.
어느 분야로 진출하든 글쓰기는 미래 경쟁력입니다. 《틀리기 쉬운 낱말 완전 정복》은 짧은 글이라도 매일 써 보는 훈련을 할 수 있도록 꾸몄습니다. 따라 쓰기를 하다 보면 내 글이 자연스럽게 나오기 때문입니다.

짧은 글이라도 매일 써 보는 훈련의 필요성!

어린이들이 글쓰기를 즐기게 하려면 제일 먼저 해야 할 일이 '원고지 만만하게 보기'입니다. 어떤 글이든 빨간 펜으로 잘못된 곳을 일일이 교정해 주기 보다는 칭찬을 먼저 해 준다면 '원고지 만만하게 보기'는 아주 쉽게 해결될 것입니다. 《틀리기 쉬운 낱말 완전 정복》 교재를 통해 우리 어린이들이 글쓰기를 두려워하기보다는 '쉽고 만만한' 재미있는 놀이로 여길 수 있기를 기대해 봅니다.

가까워(○) 가까와(×)

'가까워'는 한 곳에서 다른 곳까지의 거리가 짧은 것을 뜻합니다.

내 방은 화장실과 가까워요. 동생 방은 안방하고 가깝고요.
속담 : 가까운 남이 먼 친척보다 낫다. → 멀리 사는 친척보다 이웃이 더 가깝다는 뜻.

따라서 써 볼까요?

민 아 와 수 호 는 집 이

민 아 와 수 호 는 집 이

아 주 가 까 워 요 .

아 주 가 까 워 요 .

(   ) 안의 틀린 낱말을 바르게 써 볼까요?

집이 아주 (가까와)요.

문장에 맞게 띄어쓰기를 해 볼까요?

집에서학교가가까워요.

정답 : 집에서 학교가 가까워요.

가려고(○) 갈려고(×)

'가려고'는 한 곳에서 다른 곳으로 장소를 이동하는 것을 뜻합니다.

벌써 가려고? 아까부터 가려고 했잖아.
속담 : 가는 떡이 커야 오는 떡이 크다. → 내가 잘해야 남도 잘한다는 뜻.

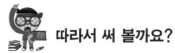

따라서 써 볼까요?

밤이 늦었는데 어디를 ∨

밤이 늦었는데 어디를

가려고 그래?

가려고 그래?

(   ) 안의 틀린 낱말을 바르게 써 볼까요?

집에 (갈려고) 일어났어요.

문장에 맞게 띄어쓰기를 해 볼까요?

시골가려고집을나섰어요.

정답 : 시골 가려고 집을 나섰어요.

가만히(○) 가만이(×)

'가만히'는 움직이지 않거나 마음을 가다듬어 곰곰이 생각한다는 뜻으로 쓰입니다.

뛰지 말고 가만히 좀 있어라. 재미있는데 어떻게 가만히 있어요?
속담 : 가만히 먹으라니까 뜨겁다 한다. → 남의 약점을 알고 더욱 난처하게 하는 경우.

따라서 써 볼까요?

고양이가 의자 위에

고양이가 의자 위에

가만히 앉아 있어요.

가만히 앉아 있어요.

(　　) 안의 틀린 낱말을 바르게 써 볼까요?

(가만이) 생각에 잠겼어요.

문장에 맞게 띄어쓰기를 해 볼까요?

제발가만히앉아있어!

정답 : 제발 가만히 앉아 있어!

가벼이(○) 가벼히(×)

‘가벼이’는 어떤 것을 드는데 무겁거나 힘들지 않고 가볍다는 뜻입니다.

어깨가 많이 아파서 가방을 가벼이 했어요.
그랬더니 어깨도 가벼워진 것 같았어요.

따라서 써 볼까요?

네가 해야 될 일을

가벼이 생각하지 마.

(　　) 안의 틀린 낱말을 바르게 써 볼까요?

가방을 (가벼히) 했어요.

문장에 맞게 띄어쓰기를 해 볼까요?

말을가벼이듣지말라고!

정답 : 말을 가벼이 듣지 말라고!

강낭콩(○) 강남콩(×)

'강낭콩'은 줄기가 덩굴을 이루고 여름에 흰색 또는 자주색 꽃이 핍니다.

올해는 다른 해보다 강낭콩이 많이 열렸어.
우리 강낭콩 따다 밥해 먹을까?

따라서 써 볼까요?

밥	을		지	을		때		강	낭	콩
밥	을		지	을		때		강	낭	콩
을		넣	으	면		맛	있	어	요	.
을		넣	으	면		맛	있	어	요	.

(　　) 안의 틀린 낱말을 바르게 써 볼까요?

할머니와 (강남콩)을 깠어요.

문장에 맞게 띄어쓰기를 해 볼까요?

강낭콩은울타리를잘타요.

정답 : 강낭콩은 울타리를 잘 타요.

개구쟁이(○) 개구장이(×)

'개구쟁이'는 짓궂게 장난을 하는 아이라는 뜻입니다.

운동장에 동네 개구쟁이들이 다 모였어요.
개구쟁이 틈에 내 동생도 끼어 있어요.

따라서 써 볼까요?

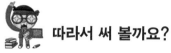

개	구	쟁	이	라	도		좋	으	니	
개	구	쟁	이	라	도		좋	으	니	
건	강	하	게		자	라	렴	.		
건	강	하	게		자	라	렴	.		

(　　) 안의 틀린 낱말을 바르게 써 볼까요?

동생은 (개구장이) 짓만 해요.

문장에 맞게 띄어쓰기를 해 볼까요?

개구쟁이내동생

정답 : 개구쟁이 내 동생

겁쟁이(○) 겁장이(×)

'겁쟁이'는 겁이 많은 사람을 낮잡아 이르는 뜻입니다.

친구들이 겁쟁이라고 놀리면 정말 싫어요.
그러니까 겁쟁이처럼 굴지 말아야 해요.

따라서 써 볼까요?

도	망	치	면		겁	쟁	이	라	는	
도	망	치	면		겁	쟁	이	라	는	
소	리	를		들	을		거	야	.	
소	리	를		들	을		거	야	.	

(　　) 안의 틀린 낱말을 바르게 써 볼까요?

(겁장이)는 싫어.

문장에 맞게 띄어쓰기를 해 볼까요?

친구가겁쟁이라고놀려요.

정답 : 친구가 겁쟁이라고 놀려요.

곰곰이(○) 곰곰히(×)

'곰곰이'는 어떤 것을 되새기는 모양을 말합니다.

책을 읽다 내용을 되새기며 곰곰이 생각에 잠겼어요.
곰곰이 생각하다 그만 잠이 들고 말았어요.

따라서 써 볼까요?

어	제		있	었	던		일	을		곰
어	제		있	었	던		일	을		곰
곰	이		생	각	했	어	요	.		
곰	이		생	각	했	어	요	.		

( ) 안의 틀린 낱말을 바르게 써 볼까요?

(곰곰히) 생각했어요.

문장에 맞게 띄어쓰기를 해 볼까요?

곰곰이생각에잠긴강아지

정답 : 곰곰이 생각에 잠긴 강아지

곱빼기(○) 곱배기(×)

'곱빼기'는 두 그릇의 몫을 한 그릇에 담은 분량을 뜻하기도 하고 무슨 일을 두 번 거듭하는 것을 뜻하기도 합니다.

대청소를 하는 날인데 일을 곱빼기로 했어요. 자장면도 곱빼기로 먹었어요.

따라서 써 볼까요?

동생과 자장면을 곱빼

동생과 자장면을 곱빼

기로 시켜 먹었어요.

기로 시켜 먹었어요.

( ) 안의 틀린 낱말을 바르게 써 볼까요?

고생을 (곱배기)로 했어요.

문장에 맞게 띄어쓰기를 해 볼까요?

곱빼기로먹은라면

정답 : 곱빼기로 먹은 라면

굽이굽이(○) 구비구비(×)

'굽이굽이'는 휘어서 굽은 곳곳을 뜻합니다.

강물이 굽이굽이 마을 앞으로 흐르고 있어요.
강물이 굽이굽이 산을 돌아가고 있어요.

따라서 써 볼까요?

굽	이	굽	이		흘	러	가	는		강
굽	이	굽	이		흘	러	가	는		강
물	이		아	름	다	워	요	.		
물	이		아	름	다	워	요	.		

(　　) 안의 틀린 낱말을 바르게 써 볼까요?

(구비구비) 산을 넘었어요.

문장에 맞게 띄어쓰기를 해 볼까요?

굽이굽이강물이흘러요.

정답 : 굽이굽이 강물이 흘러요.

귓속(○) 귀속(×)

'귓속'은 귀의 내부를 뜻해요.

잠을 자는데 갑자기 귓속이 가려웠어요.
자다 말고 일어나서 귓속을 후볐어요.

따라서 써 볼까요?

종	소	리	가		요	란	하	게		귓
종	소	리	가		요	란	하	게		귓
속	을		울	렸	어	요	.			
속	을		울	렸	어	요	.			

(　　) 안의 틀린 낱말을 바르게 써 볼까요?

(귀속)을 후볐어요.

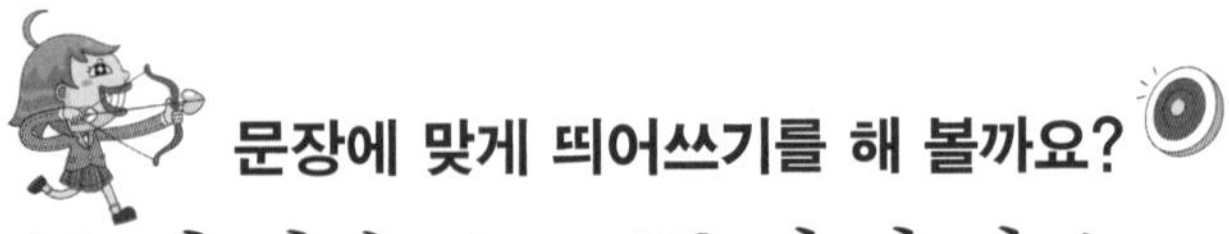

문장에 맞게 띄어쓰기를 해 볼까요?

물이귓속으로들어갔어요.

정답 : 물이 귓속으로 들어갔어요.

그러고 나서(○) 그리고 나서(×)

'그러고 나서'는 '그렇게 하고 나서'의 뜻을 지니고 있습니다.

밥을 배불리 먹었어요.
그러고 나서 동생과 놀아 주었어요.

따라서 써 볼까요?

밥	을		먹	고	,	그	러	고		나
밥	을		먹	고	,	그	러	고		나
서		숙	제	를		했	어	요	.	
서		숙	제	를		했	어	요	.	

(   ) 안의 틀린 낱말을 바르게 써 볼까요?

놀다, (그리고 나서) 학원에 갔어요.

문장에 맞게 띄어쓰기를 해 볼까요?

그러고나서밥을먹었어요.

정답 : 그러고 나서 밥을 먹었어요.

금세(○) 금새(×)

'금세'는 '지금 바로'라는 뜻으로 '금시에'가 줄어든 말입니다.

우리는 금세 친해졌어요. 우리가 친해졌다는 소문도 금세 퍼졌어요.
속담 : 나쁜 일일수록 금세 세상에 널리 퍼진다.

따라서 써 볼까요?

날씨가 더워서 얼음이 ∨

날씨가 더워서 얼음이

금세 녹았어요.

금세 녹았어요.

(　　) 안의 틀린 낱말을 바르게 써 볼까요?

동생이 (금새) 잠들었어요.

문장에 맞게 띄어쓰기를 해 볼까요?

약효과가금세났어요.

정답 : 약효과가 금세 났어요.

기다란(○) 길다란(×)

'기다란'은 매우 길거나 생각보다 길다는 뜻을 지녔습니다.

친구가 기다란 병을 가져왔어요.
우리는 기다란 병에 비눗물을 넣고 비눗방울 놀이를 하며 놀았어요.

따라서 써 볼까요?

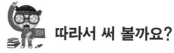

내가 할아버지의 기다란 수염을 만졌어요.

( ) 안의 틀린 낱말을 바르게 써 볼까요?

목이 (길다란) 병이 예뻐요.

문장에 맞게 띄어쓰기를 해 볼까요?

몸통이기다란뱀이에요.

정답 : 몸통이 기다란 뱀이에요.

깎다(○) 깍다(×)

'깎다'는 거죽이나 표면을 얇게 벗겨 내거나 값이나 금액을 낮춘다는 뜻입니다.

할아버지가 연을 만들려고 대나무를 깎았어요. 나도 옆에서 대나무를 깎았어요.
속담 : 구멍은 깎을수록 커진다. → 잘못된 일을 얼버무리면 더욱 어려워진다는 뜻.

따라서 써 볼까요?

동 생 을 위 해 나 무 를

깎 아 팽 이 를 만 들 어 요. ∨

(　　) 안의 틀린 낱말을 바르게 써 볼까요?

사과를 (깍아) 먹었어요.

문장에 맞게 띄어쓰기를 해 볼까요?

값을깎아서싸게샀어요.

정답 : 값을 깎아서 싸게 샀어요.

깔때기(○) 깔대기(×)

'깔때기'는 나팔꽃 모양을 하고 밑에 구멍이 뚫린 그릇을 말합니다.

입구가 좁은 병에 깔때기를 꽂았어요.
깔때기 덕분에 물을 쉽게 담았어요.

따라서 써 볼까요?

병	에		깔	때	기	를		대	고	
병	에		깔	때	기	를		대	고	
기	름	을		부	었	어	요	.		
기	름	을		부	었	어	요	.		

( ) 안의 틀린 낱말을 바르게 써 볼까요?

(깔대기)를 만들었어요.

문장에 맞게 띄어쓰기를 해 볼까요?

깔때기는참편리합니다.

정답 : 깔때기는 참 편리합니다.

깡충깡충(○) 깡총깡총(×)

'깡충깡충'은 짧은 다리를 모으고 자꾸 힘 있게 솟구쳐 뛰는 모양을 뜻합니다.

동생은 소파 위에서 깡충깡충 뛰기를 몹시 좋아해요.
한번 뛰기 시작하면 땀을 뻘뻘 흘리며 깡충깡충 뛰어요.

따라서 써 볼까요?

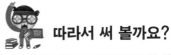

동	생	이		토	끼	처	럼		깡	충
동	생	이		토	끼	처	럼		깡	충
깡	충		뛰	어	갔	어	요	.		
깡	충		뛰	어	갔	어	요	.		

(　　) 안의 틀린 낱말을 바르게 써 볼까요?

(깡총깡총) 뛰었어요.

문장에 맞게 띄어쓰기를 해 볼까요?

캥거루가깡충깡충뛰어요.

정답 : 캥거루가 깡충깡충 뛰어요.

깨끗이(○) 깨끗히(×)

'깨끗이'는 더럽지 않고 가지런히 잘 정돈되어 말끔할 때 쓰는 말입니다.

따뜻한 물에 몸을 깨끗이 씻었어요.
조금 남아 있던 감기 기운이 깨끗이 나은 것 같았어요.

따라서 써 볼까요?

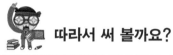

동	생	과		함	께		방	을		깨
동	생	과		함	께		방	을		깨
끗	이		청	소	했	어	요	.		
끗	이		청	소	했	어	요	.		

(　　) 안의 틀린 낱말을 바르게 써 볼까요?

글씨를 (깨끗히) 썼어요.

문장에 맞게 띄어쓰기를 해 볼까요?

옷을깨끗이빨았어요.

정답 : 옷을 깨끗이 빨았어요.

낱말 퀴즈 박사 되기

1

아래 글을 읽고, 맞는 단어에 ○해 볼까요?

1. 지구와 달나라가 (가까와 / 가까워)졌어요.
2. 외가에 (가려고 / 갈려고) 새벽부터 서둘렀어요.
3. 동생은 (가만히 / 가만이) 앉아 있지를 못해요.
4. 동생은 (개구장이 / 개구쟁이)이지만 귀여워요.
5. 밭에 가서 (강남콩 / 강낭콩)을 땄어요.
6. 아기가 엄마를 보고 (금세 / 금새) 울음을 멈추었어요.
7. 감을 따려고 (기다란 / 길다란) 작대기를 챙겼어요.
8. 캥거루는 (깡총깡총 / 깡충깡충) 뛰기를 아주 잘해요.
9. 손을 (깨끗히 / 깨끗이) 닦아야 병에 걸리지 않아요.
10. 동생이 (곰곰이 / 곰곰히) 생각에 잠겼어요.

정답

1 1. 가까워 2. 가려고 3. 가만히 4. 개구쟁이 5. 강낭콩 6. 금세 7. 기다란 8. 깡충깡충 9. 깨끗이 10. 곰곰이

2 1. 개구쟁이 2. 강낭콩 3. 기다란

3 1. 강낭콩 2. 개구쟁이 3. 겁쟁이 4. 깡충깡충 5. 금세

2

낱말을 찾아 어린이 시를 완성해 볼까요?

- 기다란
- 강낭콩
- 개구쟁이

제목 : 강낭콩

(　　　　) 내 동생

아침마다 울타리에 오줌을 눈다

울타리를 타고 오르는 (　　　　)은

내 동생 오줌이 맛있나 보다

그제보다 어제 더 자랐고

어제보다 오늘 더 자랐다

(　　　　) 강낭콩이 주렁주렁 달렸다.

3

끝말잇기에 맞는 낱말을 찾아볼까요?

- 깡충깡충
- 개구쟁이
- 겁쟁이
- 강낭콩
- 금세

1. 한강 ▸▸ (　　　　) ▸▸ 콩자반 ▸▸ 반창고
2. 북한 ▸▸ 한동안 ▸▸ 안개 ▸▸ (　　　　)
3. (　　　　) ▸▸ 이발 ▸▸ 발목 ▸▸ 목도리
4. 수수깡 ▸▸ (　　　　) ▸▸ 충성 ▸▸ 성공
5. (　　　　) ▸▸ 세수 ▸▸ 수건 ▸▸ 건강

나무라다(○) 나무래다(×)

'나무라다'는 잘못을 꾸짖어 알아듣도록 말한다는 뜻입니다.

엄마가 나만 나무라면 속상해요. 동생이 잘못했는데 나만 나무라면 눈물이 나요.

속담 : 숯이 검정 나무란다. → 제 허물은 생각하지 않고 남의 허물을 들추어낸다는 뜻.

따라서 써 볼까요?

아빠가 나를 나무라면 ∨

아빠가 나를 나무라면

몹시 서운해요.

몹시 서운해요.

( ) 안의 틀린 낱말을 바르게 써 볼까요?

동생을 (나무래면) 울어요.

문장에 맞게 띄어쓰기를 해 볼까요?

꼼꼼해서나무랄데가없어.

정답 : 꼼꼼해서 나무랄 데가 없어.

날짜(○) 날자(×)

'날짜'는 일정한 일을 하는 데 걸리는 날의 수를 뜻합니다.

누나는 결혼 날짜를 손꼽아 기다려요.
하지만 나는 누나 결혼 날짜를 조금도 안 기다려요.

따라서 써 볼까요?

너무 바빠서 날짜가
너무 바빠서 날짜가

는 줄도 몰라요.
는 줄도 몰라요.

( ) 안의 틀린 낱말을 바르게 써 볼까요?

행사 (날자)와 시간을 정했어요.

문장에 맞게 띄어쓰기를 해 볼까요?

날짜가모자라요.

정답 : 날짜가 모자라요.

남녀(○) 남여(×)

'남녀'는 남자와 여자를 합친 말입니다.

우리 형은 남녀 공학 중학교에 다녀요.
나도 나중에 형처럼 남녀 공학 중학교에 다니고 싶어요.

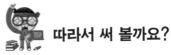

따라서 써 볼까요?

누나는 남녀 공학 다

누나는 남녀 공학 다

니는 형이 부럽대요.

니는 형이 부럽대요.

( ) 안의 틀린 낱말을 바르게 써 볼까요?

형은 (남여) 공학이 좋대요.

문장에 맞게 띄어쓰기를 해 볼까요?

남녀는평등해야해요.

정답 : 남녀는 평등해야 해요.

낭떠러지(○) 낭떨어지(×)

'낭떠러지'는 깎아지른 듯한 언덕을 뜻하는 말입니다.

발밑은 까마득한 낭떠러지입니다. 낭떠러지로 떨어질까 봐 무서웠어요.
속담 : 백 길 낭떠러지 위에 서 있다. → 매우 위험하거나 곤란하다는 뜻.

따라서 써 볼까요?

하마터면 낭떠러지로

하마터면 낭떠러지로

떨어질 뻔했어요.

떨어질 뻔했어요.

(　　) 안의 틀린 낱말을 바르게 써 볼까요?

산에서 (낭떨어지)를 만났어요.

문장에 맞게 띄어쓰기를 해 볼까요?

낭떠러지는위험한곳이야.

정답 : 낭떠러지는 위험한 곳이야.

냄비(○) 남비(×)

'냄비'는 물을 끓이는 그릇입니다.

냄비에 물을 넣고 불에 올렸어요. 냄비 물이 금방 끓었어요.
속담 : 지키는 냄비가 더디 끓는다. → 초조해하면 시간이 더 걸리는 것 같다는 뜻.

따라서 써 볼까요?

라	면	을		먹	으	려	고		냄	비
라	면	을		먹	으	려	고		냄	비
에		물	을		끓	였	어	요	.	
에		물	을		끓	였	어	요	.	

( ) 안의 틀린 낱말을 바르게 써 볼까요?

(남비)를 샀어요.

문장에 맞게 띄어쓰기를 해 볼까요?

냄비안의물이끓었어요.

정답 : 냄비 안의 물이 끓었어요.

널찍하다(○) 넓직하다(×)

'널찍하다'는 꽤 넓다는 뜻입니다.

우리 집 마당은 다른 집보다 널찍해요.
마당이 널찍해서 친구들과 모여 놀기가 좋아요.

따라서 써 볼까요?

우	리		집	은		마	루	가		널
우	리		집	은		마	루	가		널
찍	해	서		시	원	해	요	.		
찍	해	서		시	원	해	요	.		

( ) 안의 틀린 낱말을 바르게 써 볼까요?

도로가 (넓직하게) 뚫렸어요.

문장에 맞게 띄어쓰기를 해 볼까요?

널찍한바위에앉았어요.

정답 : 널찍한 바위에 앉았어요.

넙죽(○) 넙쭉(×)

'넙죽'은 망설이거나 주저하지 않고 선뜻 행동하는 모양을 뜻합니다.

설날, 동생이 부모님 앞에 넙죽 엎드려 세배를 했어요.
세뱃돈도 넙죽 받아 주머니에 넣었어요.

따라서 써 볼까요?

모	자	를		벗	고		넙	죽		절
모	자	를		벗	고		넙	죽		절
을		했	어	요	.					
을		했	어	요	.					

(　　) 안의 틀린 낱말을 바르게 써 볼까요?

과일을 (넙쭉) 받아먹어요.

문장에 맞게 띄어쓰기를 해 볼까요?

아기가넙죽안겼어요.

정답 : 아기가 넙죽 안겼어요.

눈곱(○) 눈꼽(×)

'눈곱'은 눈에서 나오는 분비물입니다.
아주 적거나 작은 것을 비유적으로 이르는 말이기도 합니다.

세수하면서 눈곱은 닦아야지. 눈곱도 안 뗀 세수를 뭐하러 해?

따라서 써 볼까요?

보	고		싶	은		생	각	은		눈
보	고		싶	은		생	각	은		눈
곱	만	큼	도		없	어	요	.		
곱	만	큼	도		없	어	요	.		

( ) 안의 틀린 낱말을 바르게 써 볼까요?

휴지로 (눈꼽)을 닦았어요.

문장에 맞게 띄어쓰기를 해 볼까요?

눈곱이잔뜩끼었어요.

정답 : 눈곱이 잔뜩 끼었어요.

눈꺼풀(○) 눈까풀(×)

'눈꺼풀'은 눈알을 덮는, 위아래로 움직이는 살갗을 말합니다.

피곤하니까 눈꺼풀이 많이 무거웠어요.
무거운 눈꺼풀을 깜박거리며 간신히 잠을 참았어요.

따라서 써 볼까요?

아	기		눈	꺼	풀	이		감	기	더
아	기		눈	꺼	풀	이		감	기	더
니		잠	이		들	었	어	요	.	
니		잠	이		들	었	어	요	.	

(　　) 안의 틀린 낱말을 바르게 써 볼까요?

(눈까풀)을 깜박였어요.

문장에 맞게 띄어쓰기를 해 볼까요?

피곤하면눈꺼풀이처져요.

정답 : 피곤하면 눈꺼풀이 처져요.

눈살(○) 눈쌀(×)

'눈살'은 두 눈썹 사이에 잡히는 주름을 뜻합니다.

햇살에 눈살이 따가워요. 눈살이 따가우면 모자를 써요.

속담 : 콧대에 바늘 세울 만큼 골이 진다. → 눈살을 잔뜩 찌푸리는 모양을 뜻하는 말.

따라서 써 볼까요?

따가운 햇살에 눈살을 ∨

따가운 햇살에 눈살을

찌푸렸어요.

찌푸렸어요.

(　　) 안의 틀린 낱말을 바르게 써 볼까요?

해님 때문에 (눈쌀)이 따가워요.

문장에 맞게 띄어쓰기를 해 볼까요?

눈살을모으고바라보았어요.

정답 : 눈살을 모으고 바라보았어요.

늦깎이(○) 늦깍이(×)

'늦깎이'는 나이가 많이 들어서 어떤 일을 시작한 사람이나 남보다 늦게 뭔가를 깨친 사람을 뜻합니다.

늦깎이가 오히려 더 잘 될 수 있어. 늦깎이라고 생각하면 더 열심히 하거든.

따라서 써 볼까요?

늦깎이 축구 선수였지

늦깎이 축구 선수였지

만 실력이 좋았어요.

만 실력이 좋았어요.

(　　) 안의 틀린 낱말을 바르게 써 볼까요?

(늦깍이)라고 무시하면 안 돼.

문장에 맞게 띄어쓰기를 해 볼까요?

형은늦깎이대학생이에요.

정답 : 형은 늦깎이 대학생이에요.

다행히(○) 다행이(×)

'다행히'는 뜻밖에 일이 잘되어 운이 좋게 되는 상황을 뜻합니다.

9월이 되니까 다행히 더위가 많이 누그러졌어요.
지독하게 더웠던 여름을 무사히 보내서 참 다행이에요.

따라서 써 볼까요?

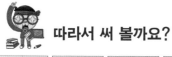

다	행	히		우	리		집	을		쉽
다	행	히		우	리		집	을		쉽
게		찾	았	어	요	.				
게		찾	았	어	요	.				

(　　) 안의 틀린 낱말을 바르게 써 볼까요?

(다행이) 무사했어요.

문장에 맞게 띄어쓰기를 해 볼까요?

다행히학교에늦지않았다.

정답 : 다행히 학교에 늦지 않았다.

더욱이(○) 더우기(×)

'더욱이'는 '그러한 데다가 더'라는 뜻을 지녔습니다.

우리 집은 창문이 하나밖에 없는 데다 더욱이 좁아요.
올해 여름은 더욱이 더웠고요.

따라서 써 볼까요?

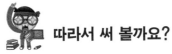

창	문	이		하	나	밖	에		없	어
창	문	이		하	나	밖	에		없	어
서		더	욱	이		더	웠	어	요	.
서		더	욱	이		더	웠	어	요	.

(　　) 안의 틀린 낱말을 바르게 써 볼까요?

힘이 없고, (더우기) 겁도 많아요.

문장에 맞게 띄어쓰기를 해 볼까요?

배가고프고,더욱이더워요.

정답 : 배가 고프고, 더욱이 더워요.

덥석(○) 덥썩(×)

'덥석'은 달려들어 뭔가를 물거나 움켜잡는 모양을 뜻합니다.

동생이 상 위에 놓인 떡을 덥석 집었어요.
떡을 덥석 베어 무는 동생이 귀여웠어요.

따라서 써 볼까요?

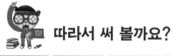

친	구	가		나	를		보	자		손
친	구	가		나	를		보	자		손
을		덥	석		잡	았	어	요	.	
을		덥	석		잡	았	어	요	.	

(   ) 안의 틀린 낱말을 바르게 써 볼까요?

아기를 (덥썩) 안았어요.

문장에 맞게 띄어쓰기를 해 볼까요?

떡을덥석입에물었어요.

정답 : 떡을 덥석 입에 물었어요.

돌(○) 돐(×)

'돌'은 어린아이가 태어난 날로부터 한 해가 되는 날을 뜻합니다.

내일은 막냇동생 돌이에요.
내 돌에는 어떤 일이 있었는지 기억에 없어요.

따라서 써 볼까요?

조	카		돌	이	라		친	척	들	이
조	카		돌	이	라		친	척	들	이
모	두		모	였	어	요	.			
모	두		모	였	어	요	.			

∨

(　　) 안의 틀린 낱말을 바르게 써 볼까요?

(돐)날에는 떡을 해요.

문장에 맞게 띄어쓰기를 해 볼까요?

돌선물로반지를주었어요.

정답 : 돌 선물로 반지를 주었어요.

두루마리(○) 두루말이(×)

'두루마리'는 둥글게 둘둘 만 종이나 물건을 뜻합니다.

동생이 두루마리 화장지를 풀었어요.
풀린 두루마리 화장지가 마루를 가득 채웠어요.

따라서 써 볼까요?

화	장	실	의		두	루	마	리		화
화	장	실	의		두	루	마	리		화
장	지	가		떨	어	졌	어	요	.	
장	지	가		떨	어	졌	어	요	.	

( ) 안의 틀린 낱말을 바르게 써 볼까요?

(두루말이) 편지를 받았어요.

문장에 맞게 띄어쓰기를 해 볼까요?

두루마리멍석이뭐예요?

정답 : 두루마리 멍석이 뭐예요?

뒤치다꺼리(○) 뒤치닥거리(×)

'뒤치다꺼리'는 뒤에서 보살피고 도와주는 일을 뜻합니다.

우리 아빠는 동생들 뒤치다꺼리하느라 공부할 틈이 없었다고 해요.
동생들 뒤치다꺼리만 한 아빠가 가여웠어요.

따라서 써 볼까요?

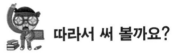

나 는 동 생 들 뒤 치 다 꺼
나 는 동 생 들 뒤 치 다 꺼

리 에 항 상 바 빠 요 .
리 에 항 상 바 빠 요 .

(　　) 안의 틀린 낱말을 바르게 써 볼까요?

(뒤치닥거리)는 힘들어요.

문장에 맞게 띄어쓰기를 해 볼까요?

뒤치다꺼리는그만할래!

정답 : 뒤치다꺼리는 그만 할래!

딱따구리(○) 딱다구리(×)

'딱따구리'는 단단한 부리로 나무에 구멍을 내어 그 속의 벌레를 잡아먹습니다.

뒷산에서 종일 딱따구리 소리가 들렸어요.
딱따구리가 나무 구멍 속의 벌레를 잡아먹고 있나 봐요.

따라서 써 볼까요?

딱	따	구	리	가		나	무	를		쪼
딱	따	구	리	가		나	무	를		쪼
는		소	리	가		들	렸	어	요	.
는		소	리	가		들	렸	어	요	.

(　　) 안의 틀린 낱말을 바르게 써 볼까요?

(딱다구리)가 나무를 쪼아요.

문장에 맞게 띄어쓰기를 해 볼까요?

산을울리는딱따구리소리

정답 : 산을 울리는 딱따구리 소리

떡볶이(○) 떡볶기(×)

'떡볶이'는 가래떡에 채소를 넣고 양념을 하여 볶은 음식을 말합니다.

나는 매운 떡볶이를 먹으면 땀이 나요.
그래도 매운 떡볶이가 제일 맛있어요.

따라서 써 볼까요?

오 늘 점 심 으 로 맛 있 는 ∨

오 늘 점 심 으 로 맛 있 는

떡 볶 이 를 먹 었 어 요 .

떡 볶 이 를 먹 었 어 요 .

( ) 안의 틀린 낱말을 바르게 써 볼까요?

(떡볶기)를 만들었어요.

문장에 맞게 띄어쓰기를 해 볼까요?

어묵과떡볶이는맛있어요.

정답 : 어묵과 떡볶이는 맛있어요.

뚜렷이(○) 뚜렷히(×)

'뚜렷이'는 엉클어지거나 흐리지 않고 아주 분명하다는 뜻입니다.

동생 얼굴에는 어릴 때 모습이 뚜렷이 남아 있어요.
그중에서도 웃는 모습이 가장 뚜렷해요.

따라서 써 볼까요?

할	머	니	는		어	릴		적		일
할	머	니	는		어	릴		적		일
이		뚜	렷	이		기	억	난	대	요.
이		뚜	렷	이		기	억	난	대	요.

( ) 안의 틀린 낱말을 바르게 써 볼까요?

목소리가 (뚜렷히) 들렸어요.

문장에 맞게 띄어쓰기를 해 볼까요?

물고기들이뚜렷이보여요.

정답 : 물고기들이 뚜렷이 보여요.

낱말 퀴즈 박사 되기

1

아래 글을 읽고, 맞는 단어에 ○해 볼까요?

1. 까마득한 (낭떠러지 / 낭떨어지) 위에 서 있어요.
2. 불에 얹은 (냄비 / 남비) 물이 왜 이렇게 안 끓을까?
3. 동생은 (눈꼽 / 눈곱)을 안 떼고 세수를 끝냈어요.
4. 친구가 못마땅했는지 (눈쌀 / 눈살)을 찌푸렸어요.
5. 늦잠을 잤지만 (다행히 / 다행이) 지각은 하지 않았어요.
6. 강아지가 아이스크림을 (덥썩 / 덥석) 물었어요.
7. 동생이 (두루말이 / 두루마리) 화장지를 풀었어요.
8. (딱따구리 / 딱다구리) 소리가 하루 종일 들렸어요.
9. 매운 (떡볶이 / 떡볶기)는 맵기는 해도 맛있어요.
10. 저 멀리 있는 친구가 (뚜렷이 / 뚜렷히) 보였어요.

정답

1 1. 낭떠러지 2. 냄비 3. 눈곱 4. 눈살 5. 다행히 6. 덥석 7. 두루마리 8. 딱따구리 9. 떡볶이 10. 뚜렷이

2 1. 떡볶이 2. 냄비 3. 눈곱 4. 눈살

3 1. 낭떠러지 2. 냄비 3. 떡볶이 4. 눈살 5. 눈꺼풀

2

낱말을 찾아 어린이 시를 완성해 볼까요?

- 냄비
- 눈곱
- 눈살
- 떡볶이

제목 : 냄비 물이 왜 안 끓지?

동생이 (　　　　)를 먹어서
나는 라면을 먹으려고
(　　　　)에 물을 가득 채웠다.
하나둘, 손가락을 꼽으며 기다려도
물이 끓지 않아 뚜껑을 열어 보니
물이 (　　　　)만큼도 안 뜨겁다.
어이쿠야! 불도 안 켜고
(　　　　)만 찌푸리고 있었네.
"나랑 같이 먹어!"
나는 젓가락을 들고 동생한테 덤볐다.

3

끝말잇기에 맞는 낱말을 찾아볼까요?

- 낭떠러지
- 눈살
- 냄비
- 눈꺼풀
- 떡볶이

1. (　　　　) ▸▸ 지갑 ▸▸ 갑옷 ▸▸ 옷차림
2. (　　　　) ▸▸ 비밀 ▸▸ 밀물 ▸▸ 물구나무
3. 가래떡 ▸▸ (　　　　) ▸▸ 이사 ▸▸ 사과
4. 흰 눈 ▸▸ (　　　　) ▸▸ 살구 ▸▸ 구구단
5. (　　　　) ▸▸ 풀잎 ▸▸ 잎사귀 ▸▸ 귀신

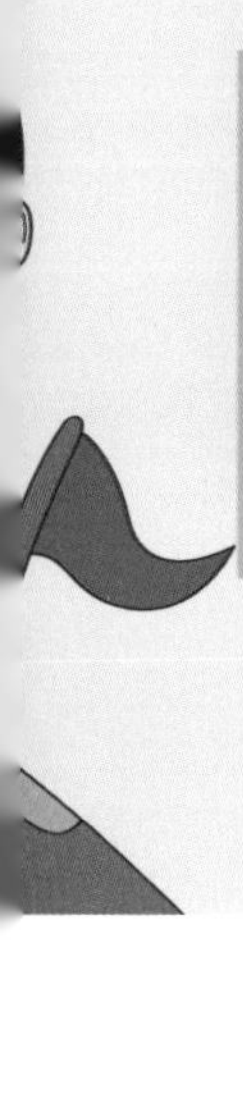

만날(○) 맨날(○)

'만날'은 매일같이 계속한다는 뜻입니다.
'맨날'은 본래 '만날'의 비표준어였으나 지금은 '만날'과 같은 뜻으로 쓰입니다.

형은 만날 집에만 있어요. 형이 맨날 집에만 있지 말고 출근을 했으면 좋겠어요.

따라서 써 볼까요?

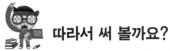

우	리		할	머	니	는		만	날	
우	리		할	머	니	는		만	날	
밭	에	서		일	만		해	요	.	
밭	에	서		일	만		해	요	.	

( ) 안의 낱말을 따라서 써 볼까요?

동생은 (만날 / 맨날) 놀아요.

문장에 맞게 띄어쓰기를 해 볼까요?

아기가만날울기만해요.

정답 : 아기가 만날 울기만 해요.

맞춤옷(○) 마춤옷(×)

'맞춤옷'은 몸 크기에 맞추어 지은 옷을 뜻합니다.

엄마가 그러는데 옛날에는 맞춤옷을 많이 입었다고 해요.
요즘은 맞춤옷을 별로 안 입는 것 같아요.

따라서 써 볼까요?

형이 맞춤옷을 입고

형이 맞춤옷을 입고

밖으로 나갔어요.

밖으로 나갔어요.

( ) 안의 틀린 낱말을 바르게 써 볼까요?

(마춤옷)이 멋있어요.

문장에 맞게 띄어쓰기를 해 볼까요?

맞춤옷을선물받았어요.

정답 : 맞춤옷을 선물 받았어요.

며칠(○) 몇일(×)

'며칠'은 그달의 몇째 되는 날을 뜻합니다.

오늘이 며칠이지?
아무리 생각해도 오늘이 며칠인지 정말 모르겠어요

따라서 써 볼까요?

눈	이		며	칠		동	안		쉬	지
눈	이		며	칠		동	안		쉬	지
않	고		내	렸	어	요	.			
않	고		내	렸	어	요	.			

( ) 안의 틀린 낱말을 바르게 써 볼까요?

월요일이 몇 월 (몇일)이야?

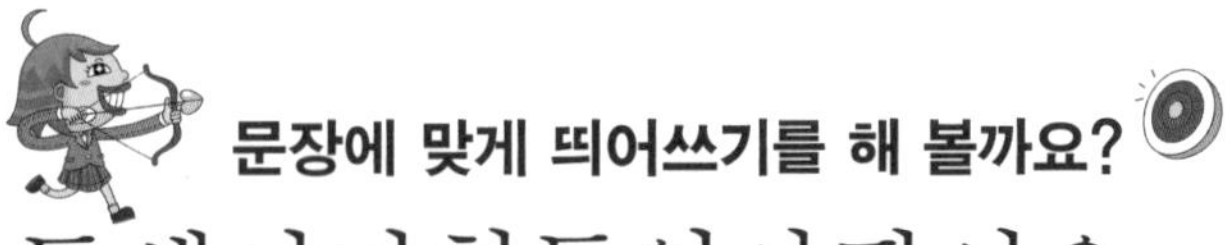

문장에 맞게 띄어쓰기를 해 볼까요?

동생이며칠동안아팠어요.

정답 : 동생이 며칠 동안 아팠어요.

무(○) 무우(×)

'무'는 깍두기 등 김치를 담가 먹는 야채입니다.

김장을 하려면 무가 많아야 해요. 무를 썰어서 양념에 넣어야 하거든요.

속담 : 무 밑동 같다. → 도와주는 사람이 없어 외로운 처지임을 이르는 말.

따라서 써 볼까요?

우 리 집 밭 에 는 무 와 ∨

배 추 가 많 아 요 .

(   ) 안의 틀린 낱말을 바르게 써 볼까요?

(무우)로 김치를 만들었어요.

문장에 맞게 띄어쓰기를 해 볼까요?

무로만든김치는맛있어요.

정답 : 무로 만든 김치는 맛있어요.

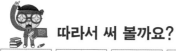

미루나무(○) 미류나무(×)

'미루나무'는 높이 30미터 정도로 곧게 자라며, 잎은 광택이 납니다.

미루나무 밑에서 바람을 맞았어요.
미루나무 바람은 정말 시원해요.

따라서 써 볼까요?

미루나무 가지에 방패

미루나무 가지에 방패

연이 걸렸어요.

연이 걸렸어요.

( ) 안의 틀린 낱말을 바르게 써 볼까요?

산에 (미류나무)를 심었어요.

문장에 맞게 띄어쓰기를 해 볼까요?

미루나무는왜키가클까?

정답 : 미루나무는 왜 키가 클까?

바람(○) 바램(×)

'바람'은 생각한 대로 이루어지기를 원한다는 뜻입니다.

삼촌의 오랜 바람이 이뤄졌어요. 삼촌 바람은 취직이었어요.

속담 : 밤나무에서 은행이 열기를 바란다. → 불가능한 일을 바라는 경우를 뜻하는 말.

따라서 써 볼까요?

우 리 건 강 은 엄 마 의

우 리 건 강 은 엄 마 의

큰 바 람 이 래 요 .

큰 바 람 이 래 요 .

( ) 안의 틀린 낱말을 바르게 써 볼까요?

내 (바램)이 깨졌어요.

문장에 맞게 띄어쓰기를 해 볼까요?

내바람은과학자예요.

정답 : 내 바람은 과학자예요.

발자국(○) 발자욱(×)

'발자국'은 발로 밟은 자리에 남은 모양이나 발을 한 번 떼어 놓는 걸음을 세는 단위입니다.

아주 큰 짐승 발자국을 보았어요. 무서워서 한 발자국도 움직일 수가 없었어요.

따라서 써 볼까요?

깨끗한 마루가 발자국

깨끗한 마루가 발자국

으로 더럽혀졌어요.

으로 더럽혀졌어요.

( ) 안의 틀린 낱말을 바르게 써 볼까요?

몇 (발자욱) 걸었어요.

문장에 맞게 띄어쓰기를 해 볼까요?

노루발자국이찍혔어요.

정답 : 노루 발자국이 찍혔어요.

방귀(○) 방구(×)

'방귀'는 필요없는 공기가 몸 밖으로 나오는 것입니다.

동생이 방귀를 뀌었어요. 방귀 냄새가 정말 지독했어요.
속담 : 방귀 뀐 놈이 성낸다. → 잘못을 저지른 쪽에서 오히려 남에게 성낸다는 뜻.

따라서 써 볼까요?

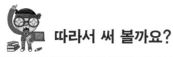

동	생	이		뿌	웅		방	귀	를	
동	생	이		뿌	웅		방	귀	를	
뀌	고		달	아	났	어	요	.		
뀌	고		달	아	났	어	요	.		

(　　) 안의 틀린 낱말을 바르게 써 볼까요?

저절로 (방구)가 나왔어요.

문장에 맞게 띄어쓰기를 해 볼까요?

아빠방귀는소리가요란해.

정답 : 아빠 방귀는 소리가 요란해.

배낭(○) 베낭(×)

'배낭'은 등에 짊어질 수 있도록 헝겊이나 가죽으로 만든 가방입니다.

쓰던 배낭이 많이 낡았어요.
엄마가 백화점에 가서 새 배낭을 사 주었어요.

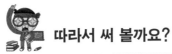

따라서 써 볼까요?

우리는 배낭을 짊어지

우리는 배낭을 짊어지

고 산에 갔어요.

고 산에 갔어요.

(　　) 안의 틀린 낱말을 바르게 써 볼까요?

아빠 (베낭)은 무거워요.

문장에 맞게 띄어쓰기를 해 볼까요?

파란색배낭을샀어요.

정답 : 파란색 배낭을 샀어요.

번번이(○) 번번히(×)

'번번이'는 '매 때마다'라는 뜻을 지녔습니다.

친구는 번번이 약속을 어겨요. 번번이 약속을 어기면서도 미안해하지 않아요.
속담 : 눈 뜨고 도둑맞는다. → 알면서도 번번이 속거나 손해를 본다는 말.

따라서 써 볼까요?

그		친	구	는		약	속	을		번
그		친	구	는		약	속	을		번
번	이		어	겼	어	요	.			
번	이		어	겼	어	요	.			

(　　) 안의 틀린 낱말을 바르게 써 볼까요?

기회를 (번번히) 놓쳤어요.

문장에 맞게 띄어쓰기를 해 볼까요?

시험을번번이못봤어요.

정답 : 시험을 번번이 못 봤어요.

빈털터리(○) 빈털털이(×)

'빈털터리'는 가난뱅이가 된 사람이나 실속이 없이 떠벌리는 사람을 낮잡아 이르는 말입니다.

돈이 없는 빈털터리보다 마음의 빈털터리가 더 불쌍하대요.

따라서 써 볼까요?

용돈을 다 없애서 빈

용돈을 다 없애서 빈

털터리가 되었어요.

털터리가 되었어요.

(　　) 안의 틀린 낱말을 바르게 써 볼까요?

평평 쓰다가 (빈털털이) 되겠어!

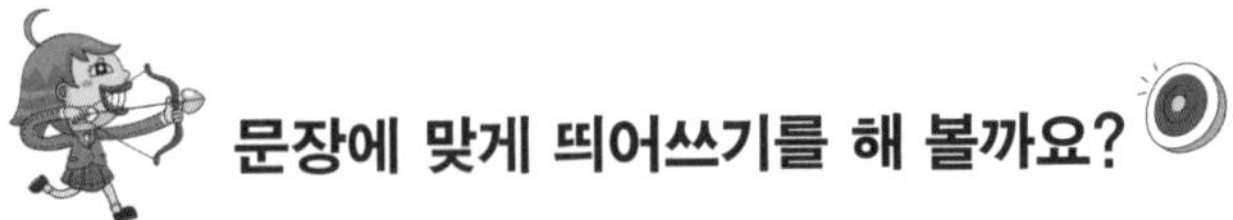

문장에 맞게 띄어쓰기를 해 볼까요?

낭비하면빈털터리가돼!

정답 : 낭비하면 빈털터리가 돼!

빨간색(○) 빨강색(×)

다음달이 내 생일이라 가족들이 볼 수 있게 달력에 빨간색으로 칠해 놨어요.
동생도 덩달아 자기 생일을 빨간색으로 칠했어요.

따라서 써 볼까요?

엄	마	가		빨	간	색		원	피	스
엄	마	가		빨	간	색		원	피	스
를		사		주	었	어	요	.		
를		사		주	었	어	요	.		

(　　) 안의 틀린 낱말을 바르게 써 볼까요?

(빨강색) 선을 밟지 마세요!

문장에 맞게 띄어쓰기를 해 볼까요?

빨간색장미꽃이피었어요.

정답 : 빨간색 장미꽃이 피었어요.

뻐꾸기(○) 뻐꾹이(×)

'뻐꾸기'는 초여름에 남쪽에서 날아오는 여름새입니다.

뻐꾸기는 알을 다른 새집에 낳는대요. 그럼 뻐꾸기 둥지는 왜 있을까요?
속담 : 뻐꾸기도 유월이 한철이라. → 한창 활동할 수 있는 시기는 길지 않다는 뜻.

따라서 써 볼까요?

산에서 하루 종일 뻐
산에서 하루 종일 뻐

꾸기가 울었어요.
꾸기가 울었어요.

( ) 안의 틀린 낱말을 바르게 써 볼까요?

(뻐꾹이) 시계가 울었어요.

문장에 맞게 띄어쓰기를 해 볼까요?

뻐꾸기는왜여름에울까?

정답 : 뻐꾸기는 왜 여름에 울까?

뾰족(○) 뾰족(×)

'뾰족'은 끝이 가늘고 단단한 것을 뜻합니다.

엄마는 끝이 뾰족한 가위를 못 쓰게 해요.
뾰족한 가위에 손을 다칠 수도 있으니까요.

따라서 써 볼까요?

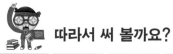

뾰	족	한		돌	에		걸	려		넘
뾰	족	한		돌	에		걸	려		넘
어	지	고		말	았	어	요	.		
어	지	고		말	았	어	요	.		

(　　) 안의 틀린 낱말을 바르게 써 볼까요?

바늘이 (뾰족)해요.

문장에 맞게 띄어쓰기를 해 볼까요?

악어의뾰족한이빨

정답 : 악어의 뾰족한 이빨

낱말 퀴즈 박사 되기

1

아래 글을 읽고, 맞는 단어에 ○해 볼까요?

1. 감기가 들어서 (며칠 / 몇일) 학교에 못 갔어요.
2. (무 / 무우)로 만든 깍두기는 정말 맛있어요.
3. 마루에 동생 (발자국 / 발자욱)이 잔뜩 찍혔어요.
4. 보리밥을 먹었더니 (방귀 / 방구)가 뿡뿡 나왔어요.
5. (빨간색 / 빨강색) 우산을 쓰고 학교에 갔어요.
6. 여름이면 뒷산에서 (뻐꾹이 / 뻐꾸기)가 종일 울어요.
7. (맞춤옷 / 마춤옷)은 멋있기는 해도 불편해요.
8. 음료수를 (배낭 / 베낭)에 넣었더니 무거워요.
9. 용돈을 다 써서 (빈털털이 / 빈털터리)가 되었어요.
10. 호랑이의 (뾰족한 / 뾰족한) 이빨은 무서워요.

정답

1 1. 며칠 2. 무 3. 발자국 4. 방귀 5. 빨간색 6. 뻐꾸기 7. 맞춤옷 8. 배낭 9. 빈털터리 10. 뾰족한

2 1. 배낭 2. 빨간색 3. 만날 4. 미루나무

3 1. 맞춤옷 2. 발자국 3. 방귀 4. 뻐꾸기 5. 빨간색

2

낱말을 찾아 어린이 시를 완성해 볼까요?

- 만날
- 빨간색
- 배낭
- 미루나무

제목 : 소풍

오늘은 우리 가족 소풍 가는 날
나는 노란색 (   )을 메고
동생은 (   ) 배낭을 메고
집에서는 (   ) 동생하고만 노는데
소풍 가서는 아빠 엄마도 함께
시원한 (   ) 그늘 밑에서
이야기꽃을 피우며 놀았어요.

3

끝말잇기에 맞는 낱말을 찾아볼까요?

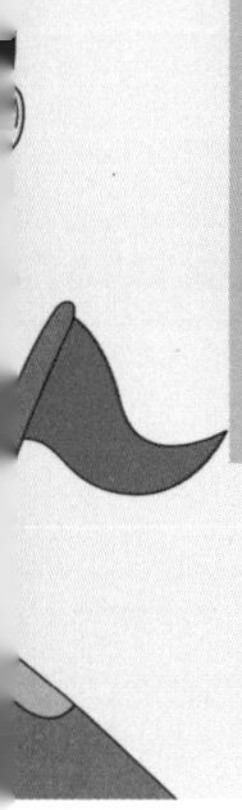

- 발자국
- 빨간색
- 방귀
- 맞춤옷
- 뻐꾸기

1. (   ) ▸▸ 옷 상자 ▸▸ 자동차 ▸▸ 차멀미
2. 출발 ▸▸ (   ) ▸▸ 국수 ▸▸ 수영
3. 가방 ▸▸ (   ) ▸▸ 귀신 ▸▸ 신발
4. (   ) ▸▸ 기차 ▸▸ 차비 ▸▸ 비옷
5. (   ) ▸▸ 색종이 ▸▸ 이야기 ▸▸ 기러기

생각디딤돌 창작교실 엮음
생각디딤돌 창작교실은 소설가, 동화작가, 시인, 수필가, 역사학자, 교수, 교사 들이 참여하는 창작 공간입니다.
주로 국내 창작 위주의 책을 기획하며 우리나라 어린이들이 외국의 정서에 앞서 우리 고유의 정서를 먼저 배우고 익히기를 소원하는 작가들의 모임입니다.

문학나무편집위원회 감수
소설가 윤후명 선생님을 비롯한 많은 소설가, 시인, 평론가 등이 활동하며 문예지 〈문학나무〉를 발간하고 있습니다.

동리문학원 감수
소설가 황충상 원장님이 이끌어가는 창작 교실로 우리나라의 많은 문학 작가들의 활동 무대입니다.

마법의 맞춤법 띄어쓰기
1-1 틀리기 쉬운 낱말 완전 정복(ㄱ~ㅂ)

초판 1쇄 발행 / 2021년 08월 05일
초판 2쇄 발행 / 2022년 08월 15일

엮은이 —— 생각디딤돌 창작교실
감　수 —— 문학나무편집위원회, 동리문학원
펴낸이 —— 이영애
펴낸곳 —— 도서출판 생각디딤돌
출판등록 2009년 3월 23일 제135-95-11702
전화 070-7690-2292 팩스 02-6280-2292

ISBN 978-89-93930-53-5(64710)
978-89-93930-52-8(세트)